Look at Me I'm Learning Hindi

(A STORY FOR AGES 3-6)

By Daniel Williamson

Illustrated by Kleverton Monteiro

First published in 2019 by Daniel Williamson
www.danielwilliamson.co.uk
This edition published in 2020
Text © Daniel Williamson 2019
Illustrations © Kleverton Monteiro 2019
Cover design © by Uzuri Designs 2019

All rights reserved. No part of this publication may be reproduced, stored in a retrieval system or transmitted, in any form or by any means, electronic, mechanical, photocopying, recording or otherwise, without the prior permission of the copyright holder.

ISBN 978-1-9162563-8-5

DW

www.danielwilliamson.co.uk

This book is dedicated
to my daughter
Carmela

I'm a small person in a big, big world!

इस विशाल संसार में, मैं एक छोटा सा बच्चा / छोटी सी बच्ची हूँ!

Is vishal sansar mein, main ek chhota sa bachcha / chhoti si bachchi hoon!

I know people bigger than me. Bigger people know more things because they start to learn when they are small.

मैं अपने से बड़े लोगों को जानता / जानती हूँ। बड़े लोग ज्यादा बातें जानते हैं, क्योंकि जबसे वे छोटे थे, तब से उन्होंने सीखना शुरू किया।

Main apne se bade logon ko jaanta / jaanti hoon. Bade log jyaada baatein jaante hain, kyonki jab se ve chhote the, tab se unhonne seekhna shuroo kiya.

Not everyone speaks English like me.
Some bigger people speak Hindi, some speak two languages!

हर कोई मेरी तरह अंग्रेजी नहीं बोलता है। कुछ बड़े लोग हिन्दी बोलते हैं, कुछ दो भाषाएँ बोलते हैं!

Har koee meree tarah angrezi nahin bolta hai.
Kuchh bade log Hindi bolte hain, kuchh do bhaashaen bolte hain!

I want to learn Hindi too so I can speak to Hindi speaking people and make even more friends!

मैं भी हिन्दी सीखना चाहता / चाहती हूँ, ताकि मैं हिन्दी बोलने वाले लोगों के साथ बात कर सकूँ और इस तरह मैं ज्यादा दोस्त बना सकता / सकती हूँ

main bhee Hindi seekhna chaahta / chaahti hoon,
taaki main Hindi bolne vaale logon ke saath baat kar
sakoon aur is tarah main jyaada dost bana sakta / sakti hoon.

Now I know how to count to ten!
Look at me I'm learning Hindi, learning Hindi is Fun!

अब मुझे पता है कि दस तक कैसे गिनते हैं! मुझे देखो, मैं हिन्दी सीख रहा / रही हूँ, हिन्दी सीखने में मज़ा आ रहा है!

Ab mujhe pata hai ki das tak kaise ginte hain! mujhe dekho, main Hindi seekh raha / rahee hoon, Hindi seekhne mein maza aa raha hai!

I wonder what to say if I meet a Hindi speaking person? I think I would say - "Hello, how are you?" Then they would say - "I'm fine thanks and you?"

अगर मैं हिन्दी बोलने वाले व्यक्ति से मिलूँगा तो क्या कहूँगा / कहुँगी? मुझे लगता है कि मैं कहूँगा / कहुँगी - "हैलो, कैसे हैं आप?" तब वे शायद कहेंगे - "मैं ठीक हूँ धन्यवाद और क्या आप ठीक हैं?"

Agar main Hindi bolne vaale vyakti se miloonga to kya kahoonga / kahoongee? mujhe lagata hai ki main kahoonga / kahoongee – "hello, kaise hain aap?" tab ve shaayad kahenge – "main theek hoon dhanyavaad aur kya aap theek hain?"

Then I would need to tell them my name. I would say –
"Hello, my name is _____, what's your name?"

फिर मुझे उन्हें अपना नाम बताना होगा। मैं कहूँगा / कहूँगी कि
"नमस्ते, मेरा नाम _____ है, आपका नाम क्या है?"

Phir mujhe unhen apna naam bataana hoga. main kahoonga / kahoongee ki
"namaste, mera naam _____ hai, aapka naam kya hai?"

Now I want to tell them my age and ask how old they are.
Let's see if I can remember the numbers!

अब मैं उन्हें अपनी उम्र बताना चाहता / चाहती हूँ और पूछना चाहता / चाहती हूँ कि वे कितने साल के हैं। आइए देखें कि क्या मैं संख्याओं को याद रख सकता / सकती हूँ।

Ab main unhen apnee aayu bataana chaahta / chaahti hoon aur poochhana chaahta / chaahti hoon ki ve kitne saal ke hain. aaiye dekhen ki kya main sankhyaon ko yaad rakh sakta / saktee hoon.

Look at me I'm learning Hindi!
Learning Hindi is fun!

देखो मुझे, मैं हिन्दी सीख रहा / रही हूँ! हिन्दी सीखने में मज़ा आ रहा है!

Dekho mujhe, main Hindi seekh raha / rahee hoon!
Hindi seekhne mein maza aa raha hai!

I need to know how to say the things I like and the things I don't like, let's try some sentences!

मुझे यह जानने की ज़रूरत है कि मुझे जो चीज़ें पसंद हैं और जो चीज़ें मुझे पसंद नहीं हैं, उन्हें कैसे कहते हैं, आइए कुछ वाक्यों के साथ अभ्यास करते हैं।

Mujhe yeh jaanne ki zaroorat hai ki mujhe jo cheezen pasand hain aur jo cheezein mujhe pasand nahin hain, unhain kaise kahte hain, aaiye kuchh vaakyon ke saath abhyaas karte hain.

I like sunny days. I like to go to the park
and play on the slide and swings!

मुझे धूप भरे दिन पसंद हैं। मुझे पार्क में जाना और
स्लाइड पर खेलना और झूले पर झूलना पसंद है!

mujhe dhoop bhare din pasand hain. mujhe park mein jaana
aur slide par khelna aur jhoole par jhoolna pasand hai!

I also love playing with my friends outside.
Sometimes we play football, sometimes we play hide and seek!

मुझे बाहर अपने दोस्तों के साथ खेलना भी बहुत पसंद है। कभी हम फुटबॉल खेलते हैं, कभी हम लुका छिपी खेलते हैं!

Mujhe baahar apne doston ke saath khelna bhi bahut pasand hai. kabhi hum football khelte hain, kabhi hum luka chhipee khelte hain!

I don't like when it's rainy and windy so I go to the cinema,
watch cartoons and eat popcorn.

मुझे बरसात और हवा पसंद नहीं है, जब बारिश और हवा होती है तो मैं सिनेमा देखने जाता / जाती हूँ, कार्टून देखता / देखती हूँ और पॉपकॉर्न खाता / खाती हूँ।

Mujhe barsaat aur hava pasand nahin hai,
jab baarish aur hava hoti hai to main cinema dekhne jaata / jaati hoon,
cartoon dekhta / dekhti hoon aur popcorn khaata / khaati hoon.

My favourite thing to do is go for a picnic.
I like eating apple slices but I prefer bananas!

मुझे पिकनिक पर जाना बहुत पसंद है। मुझे सेब खाना पसंद है लेकिन मुझे केले ज्यादा पसंद हैं!

mujhe picnic par jaana bahut pasand hai. mujhe seb khaana pasand hai lekin mujhe kele jyaada pasand hain!

Last time I went to the park I saw a huge rainbow.
Let's see if I can remember all the colours!

पिछली बार जब मैं पार्क में गया था / गयी थी तो मैंने एक विशाल इंद्रधनुष देखा।
चलो देखते हैं कि यदि मैं सब रंगों को याद रख सकता / सकती हूँ!

pichhali baar jab main park mein gaya tha / gayee thee to mainne ek vishaal indradhanush dekha.chalo dekhte hain ki yadi main sab rangon ko yaad rakh sakta / sakti hoon!

The colours of the rainbow are red, orange, yellow, green, blue, indigo and violet!

इंद्रधनुष के यह रंग हैं, लाल, नारंगी, पीला, हरा, नीला, आसमानी और बैंगनी!

Indradhanush ke yeh rang hain, laal, naarangee, peela, hara, neela, aasmani aur bainganee !

Look at me I'm learning Hindi!
Learning Hindi is fun!

मुझे देखो मैं हिन्दी सीख रहा / रही हूँ! हिन्दी सीखने में मज़ा आ रहा है।

Mujhe dekho main Hindi seekh raha / rahi hoon! Hindi seekhne mein maza aa raha hai.

At home I have some different pets and they are different colours too!
I have a brown dog, a black and white cat and a grey rabbit.

घर पर मेरे पास कुछ विभिन्न प्रकार के पालतू जानवर हैं और वे अलग-अलग रंग के भी हैं! मेरे पास एक भूरे रंग का कुत्ता, एक काली और सफेद बिल्ली और एक धूसर रंग का खरगोश है।

ghar par mere paas kuchh vibhinn prakaar ke paaltoo jaanvar hain aur ve alag-alag rang ke bhee hain! mere paas ek bhoore rang ka kutta, ek kaali aur safed billie aur ek dhoosar rang ka kharagosh hai.

My dog likes me to throw his ball for him, he always brings it back, it's his favourite game!

में अपने कुत्ते के लिए गेंद फेंकता / फेंकती हूँ, वह उस गेंद को हमेशा वापस लाता है, यह उसका मनपसंद खेल है!

Mein apne kutte ke liye gaind phenkta / phenkti hoon, vah us gaind ko hamesha vaapas laata hai, yeh uska manpasand khel hai!

My cat likes to sleep on the sofa all day,
he's a very lazy cat!

मेरी बिल्ली पूरे दिन सोफे पर सोना पसंद करती है,
वह बहुत आलसी बिल्ली है!

Meri billie poore din sophe par sona pasand karti
hai, vah bahut aalasee billie hai!

My rabbit lives in the garden, he eats carrots all day, they help him see better at night time!

मेरा खरगोश बगीचे में रहता है, वह सारा दिन गाजर खाता है। गाजरें उसे रात के समय में बेहतर देखने में मदद करती हैं!

mera khargosh bageeche mein rehta hai, vuh saara din gaajar khaata hai. gaajarein usse raat ke samay mein behtar dekhne mein madud karti hain!

At night time I get into my pyjamas, I love getting into bed for a story, then I close my eyes and slowly fall asleep, ready to learn more Hindi tomorrow...

रात के समय में मैं अपने पाजामे को पहन लेता / लेती हूँ, कहानी सुनने के लिए, मैं ख़ुशी से अपने बिस्तर पर चला जाता / चली जाती हूँ, फिर मैं अपनी आँखें बंद कर लेता / लेती हूँ और धीरे-धीरे सो जाता / जाती हूँ, कल और हिन्दी सीखने के लिए तैयार हूँ...

Raat ke samay mein mai apne paajaame ko pehan leta / leti hoon, kahaani sunne ke liye, main khushi se apne bistar par chala / chali jaati hoon, phir main apni aankhein band kar leta / leti hoon aur dheere-dheere so jaata / jaati hoon, kal aur Hindi seekhne ke liye taiyaar hoon....

This author has developed a bilingual book series designed to introduce children to a number of new languages from a very young age.

If you enjoyed reading this story, you will undoubtedly like popular rhyming picture books from this author which are also currently available.

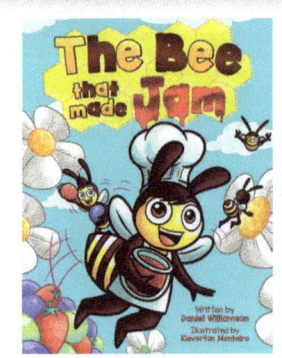
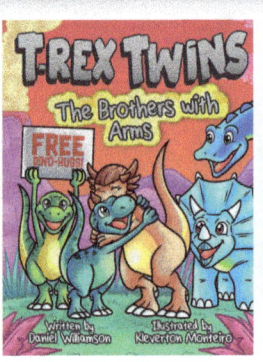

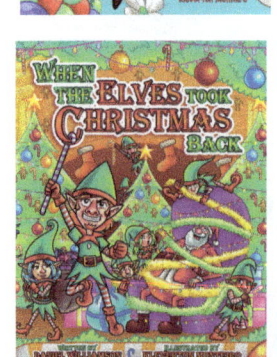
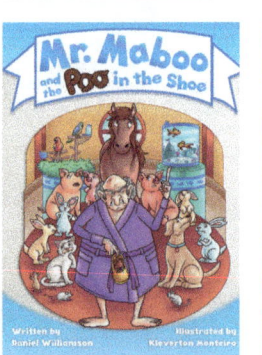
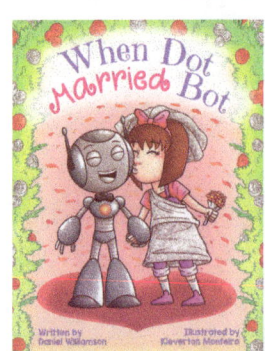

Message from the Author

I'd like to say a massive thank you to every single child and adult that read one of my books! My dream is to bring cultures together through fun illustrations, imagination and creativity via the power of books.

If you would like to join me on this journey, please visit my website danielwilliamson.co.uk where each email subscriber receives a free ebook to keep or we will happily send to a friend of your choice as a gift!

Nothing makes me happier than a review on the platform you purchased my book telling me where my readers are from! Also, please click on my links below and follow me to join my ever-growing online family! Remember there is no time like the present and the present is a gift!

Yours gratefully

Daniel Williamson

@DanWAuthor   @danwauthor   @DanWAuthor

www.ingramcontent.com/pod-product-compliance
Lightning Source LLC
Chambersburg PA
CBHW051251110526
44588CB00025B/2949